JN011968

「非正規雇用」を蔓延させ、格差を爆発させた
「労働者派遣法の廃止」が急務である。

人間の尊厳のために、
国、地方自治体、企業経営者の
倫理が問われている。

ますやまひでを

**「非正規雇用」を蔓延させ、格差を爆発させた**
**「労働者派遣法の廃止」が急務である。**

人間の尊厳のために、
国、地方自治体、企業経営者の倫理が問われている。

# 目次

# 初めに

第二次世界大戦後、労働市場で手配師が労働者の給料のピンハネを許す慣行は、ＧＨＱ（連合国軍最高司令官総司令部）が許さなかった。職業安定法で労働者供給事業（現在の労働者派遣事業）が禁止された。労働者を派遣するビジネスは人身売買的とみなされたからである。

新型コロナの脅威が世界中を席捲している。

新型コロナで顕著になったことは、生活弱者が路頭に放り出されたことだ。リーマンショック時、雇用を打ち切られた人のために、その年の年末に東京日比谷公園に年越し村のテントが出現した。野党の党首が首をそろえ支援を訴えていた。今回、リーマンショックに比較にならないほどの失業者が出た。非正規社員が雇止めを食らったのである。解雇された人達は、リーマンショック時は男性が主であったが、今回は女性の非正規社員、バイトが際立って多いのが特徴である。正社員の雇用維持のために「景気調節弁」としての非社員が真っ先に首を切られた。

令和二年十月の時点で調査では正規社員数は前年並みだが、非正規社員の数は八十五万人も減った。

令和二年十月に人材派遣会社である会社本社前に抗議のシュプレヒコールが響き渡った。小泉首相をリードし、新自由主義を標榜し、政治改革・構造改革と称して非正規雇用の拡大を図った代表的な会社だからである。詳細は後述する。

国内の賃上げが進まないのは、二〇〇四年派遣労働を製造業、すなわち工場労働者にまで拡大した結果である。政府が経団連等の要求を認めた結果である。賃金を抑え込む手段だった
岸田政権が新資本主義を唱え、「資産倍増」と賃上げよりも金持ちの投資を促す政策は愚策である。新資本主義を唱えるなら、その中身は「労働者派遣法の廃止」である。これを元に戻す労働市場の正常化、改革を実行すれば、岸田首相の決断は「国葬」に値する偉業である。

## 「労働者派遣事業の拡充を図った総合規制会議の元座長が懺悔した」

小泉首相の時に総合規制会議の座長を務めた人物が令和三年一月ある国内有力新聞の正月のインタビューで、「日本経済は供給に対する需要の不足がはっきりした。物価が上がらず、デフレ傾向が続いている。政府は需給ギャップを埋めようと公共投資をやり、社会保障も充実させた。それでも消費や設備投資は上向かない。企業はお金をため込み家計に行き渡らなかった。経済政策の失敗が証明されたのだから変えていかなければならない」と公言した。経済政策は間違っていたと白状した。また、「働いて稼ごうとしても非正規の雇用ばかりで、びっくりするほど賃金が安い。最低賃金も上がっていない。お金は家計に入らない」と、何をのたまうているのか。自らの会社の従業員に非正規社員を抱えている認識はあるのか。彼は、労働規制緩和を掲げ競争を促し格差の拡大を図った。今更間違っていましたと、ぬけぬけと恥じることもなく述べた。言い訳はさらに、「上のやつが金持すぎるから税金で取れというのは倫理的なのかどうかと問われる」と、倫理論を持ち出した。世界のどの国もお金持ちには高率の税金を負担させている。倫理の問題ではない。お金持ち政策を推進した「輩」が何をぬかすか。また曰く、「日本は格差というより公正さが欠けてきたと思う」と、今度は公正さを言い出した。

「正規雇用と非正規雇用の差。一方は保護されて団結力もあり交渉力もある。もう一方は見捨てられる」と発言した。これを格差というのである。

「公正さ」とはいわない。自ら非正規雇用を拡大・拡充させておいてこの発言である。無責任そのものである。

「雇用のあり方、労働法規を変えないといかん」と、すこしはまともな発言でもしているが、労働法規を変えさせた責任者本人が二十年たって間違っていましたと白状しているようなものだ。

慚愧の気持ちがあるなら、いまからでも労働法第六条を元に戻すよう旗振りしてはどうか。

彼にはその責務がある。

コロナ禍の中で、いま求められているのはパラダイムシフトである。非正規雇用をなくすことである。具体的に言えば、労働基準法第六条「中間搾取の排除」『何人も、法律に許されている場合の外、業として他人の就業に介入して利益を得てはならない』の文言の中の【法律に許されている場合の外】を削除することである。これは人材派遣会社の市場退場を意味する。人材派遣会社は非正規社員から搾取している会社であるからである。先の人材派遣会社本社前の抗議は人材派遣会社への糾弾である。

## 「ドイツの派遣労働への姿勢」

ドイツのメルケル首相は、ドイツ南部の「と殺工場」で新型コロナのパンデミックが発生した際、従事する従業員の劣悪な住環境、作業現場を不適切と言及し、従業員の「直接雇用」を命じた。これは何を意味するか。「と殺会社」が直接従業員を採用し、最適な労働環境整備せよということである。派遣会社に任せておけない。さすがメルケル首相と感じ入った。

## 「メキシコの派遣労働原則禁止」

メキシコは二〇一二年に派遣労働を認めた、製造業だけではなくＧＤＰの六割を占めると言われるサービス業にも拡大した。社会保障費などの負担がないため人件費を大幅に削減できた。そのため政府の推定では派遣労働者の数はおよそ五百万人に増えた。

二〇一八年に政権を取った左派のロペスオブラドールは、派遣労働は企業の利益を公正に分配していないと批判し、労働者派遣の原則禁止を掲げた。派遣労働が世界的に拡大していったが、メキシコには派遣労働が拡大する国の事情があった。その一つは、メキシコが社会主義的国家を目指した二〇世紀初頭のメキシコ革命の影響から、労働者の権利が厳格に守られてきた。その結果、従業員側に問題があっても解雇すれば、労働裁判で不当とされ多額の補償金を払わなければならなかった。また、利益の一〇％を正規雇用の労働者に年一回分配するという「労働者利益分配金」の制度が経営を圧迫していた。労働者側に有利だとの認識から経営者は正規雇用を控えていた。

二つ目は、労働組合は本来の役割を忘れ、派遣労働の拡大に手を貸した。革命後二〇〇〇年まで政権を維持した「制度的革命党」が労働者側と企業側と権利の調整を図ってきた。政権が長期化し党が腐敗し、権力と結びついた労働組合が特権化し派遣労働を黙認した。

原則禁止を政府が議論を始めると、企業側は猛烈に反発した。政府は「労働者利益分配金」を廃止し、「専門職」は例外として派遣労働を認めた。政府によると、五百万人とみつもられていた派遣労働の内二百七十万人が正規雇用労働者になったと言う。

「日本の現状」

二〇〇三年に派遣法を改正し製造業の現場に派遣労働が認められた。この改正が、派遣法の立法精神を踏みにじり派遣労働が一段と拡大した。派遣労働者の採用は、製造業では、人事労務課ではなく現場の資材部品購入課になり、人を雇うのは部品＝「モノ」と同じ扱いになった。企業はやりたい放題になった。

労働法第六条を英断をもって元に戻すこと。すなわち派遣会社をなくすこと。企業は採用の際、自らの直接雇用の労力を惜しまないことが企業倫理を再生させる道である。現に警備業の職務は派遣から外されている。自らが「直接採用業務」をしている。二十年にわたるデフレ不況は非正規社員拡大・拡充と軌を一にしている。

非正規社員（アルバイト、パートを含む）の彼、彼女たちが声を上げるべきである。先の派遣会社本社前の抗議行動が全国に広がれば労働法第六条を元に戻すことにつながる。また、国政選挙を通じての活動が求められている。直近の日本の有権者総数は男女合わせて約一億人で、投票所に足を運ぶ人は約五〇％で五千万人である。非正規雇用の方々が選挙に駆け付けたら、二千百六十万の票の圧力は脅威である。自ら政党を立ち上げるか、頼れる政党に駆け寄り声を上げることが求められている。

大正デモクラシーの中、富山県の漁村の名もなき主婦たちが立ち上がった米騒動が社会を動かした史実がある。

## 「派遣労働という言葉をなくす」

平成二十八年八月三日、安倍三次内閣発足時「派遣労働という言葉をなくしたい」と宣言した。「働き方の改革」として担当大臣まで配した。これは、経済政策の失敗で、一向にデフレが脱却できない、景気が浮揚しないことへのイライラ感の切羽詰まったからの言葉だと思う。ここ三十年来、労働規制緩和論にひた走った結果で、貧困の拡大、所得の格差を放置できない事態に陥っていった結果である。「就職氷河期」とまで言われた時代に遭遇した人たちが正社員として働けず、非正規労働者として放置され、所得の低さから結婚もできない状態に置かれてきた。保育園・幼稚園の不足で、待機児童の解消に、施設の増設と「いたちごっこ」で一向に解消されない。専業主婦でしかも若い主婦は働かなければならない生活できない人がどっと現れた。日本は今や「共働き社会」が普通となった。総務省の統計によると、共働き所帯の数が、専業主婦のいる所帯の数を初めて上回ったのは一九九二年である。九七年以降は一貫して共働き所帯が上回り二〇一六年は一一二九万所帯に上る。

本来なら乳幼児期の一、二歳、三歳くらいまでは母親と一緒の生活が望ましいと言われるが、一歳、二歳、三歳の幼児まで預けて働かなければならない生活苦、窮乏からの脱出のために、低賃金であるが働かざるを得ない状況下にある。パートの女性は、最低賃金でやっと生活している。

## 「派遣制度は国が認めた身分制度である」

「派遣制度は、国が導入した身分制度である。派遣労働者は搾取される被差別階級。この派遣労働者への差別的待遇には、国がお墨付けを与えている」

「どんな優秀な人でも派遣の身分である以上は、一番先に切られる運命にある。一度派遣への道に入ってしまうと、将棋の駒の自分から逃げられない」と、派遣労働者二名の方の悲痛な話である。二人の方の回答の中で共通の言葉として「身分」とある。これは、政府が認めたものであると主張している。江戸時代の「士農工商」ではなく、同じ労働者の中の階層分化であり、分断である。

早朝、都内近郊の工場群のある駅の光景に、うなだれ、互いに会話も交わさず無言の派遣労働者の若い男女の群れがある。バスに乗り込んでいく様は、手足を縛られてはいないものの奴隷そのものである。

戦前の「手配師」はそこにいないが、バスに乗り込むことが、背後にいる手配師＝派遣会社に差配、命令されている証となる。「非正規雇用という言葉をなくす」と息巻いている政権だが、約三〇年にわたる窮乏化労働政策を脱却することはないだろう。「非正規雇用という言葉をなくす」とは、「非正規労働法をなくす―廃止する」と同義語と解するのは、世間の常識としてはおそらく間違っていないだろう。いつ、どこで、その言葉を反故にするのか。「そんなこと言ったか?」となるだろう。「非正規雇用」は後述するように「不法で」ある。本来、雇用先と労働者は「直接雇用」が大原則である。その原則を破っているのが、労働者派遣法である。法律を曲げてまで、財界の意向に密着した、先の派遣労働者が述べているように、「国が認めた身分制」であると言明している。当事者の悲痛な絞り出された言葉である。この悪法を廃止することが求められている。派遣元企業が、派遣者を雇用し、派遣先へ人材派遣をする「常用型派遣」、派遣者が派遣会社に登録し、派遣先を待つ「登録型派遣」があるが、いずれも勤め先との「直接雇用」ではない。「登録型派遣」は派遣先で採用予定になるであろう人を、派遣先が面接をし（違法な行為）、派遣先がえり好みをした人を登録型派遣会社が採用し派遣する。その間「雇用関係」はない。採用過程を見ると派遣先である企業が直接面接しているのだから、派遣先企業が採用しているのも同然である。企業は「雇用契約先」ではない。人格を無視したやり方である。戦前の手配師以下のやり方である。

「第三者を介さない」のが、「職業安定法の原則」である。これをスタートに議論していけば少しずつ労働政策は改善するかもしれない。

派遣労働は、英語では臨時的な・一時的な仕事という意味で「テンポラリー・ワーク」と言われている。派遣労働者の惨めな働き方を表す時に「テンプ・スレイブ」（temp slave）という言葉が使われる。先述した、手配されたバスに乗り込む無言の若い男女の姿を英語でも表現する言葉がある。日本ではもともと期間限定の臨時的・一時的な仕事のために制度として出発した。それが、次第に継続的、反復的な働き方に変容した。

政府の労働政策会議に、大学教授等労働現場を知らない、知ろうともしない人物が、長期委員になっている。まず、この会議の人選を白紙に戻して、労働現場に詳しい人の議論から始めるべきである。

大きな社会問題となっている。これまでの労働規制緩和論と労働規制強化論で対立してきた。労働規制緩和論がこれ以上展開することを現状は座視できない。

本書は、企業は労働者を「直接雇用するという原点」から冷静に述べていきたい。

# 第一章　労働者派遣法はなくせる

日本政府は、デフレ脱却を目指し、日本銀行による異次元の金融緩和に突っ走ってきたが、この八年余りの経過を見ると、「道半ば」と政府が認めるほど経済政策の失敗が浮き彫りになってきた。デフレ脱却ができないのは、国民の「消費（購買力）」がないからである。経済学の教科書どおり「需要と供給」の基礎的なことが、現象として起こっている。政府は、躍起になって賃上げを主導したがならなかった。賃上げ（春闘）は労働組合の本来最大の「仕事」である。政府の仕事ではない。「連合」は、賃上げも主導できないくらい「ていたらく」に陥ってしまっている。戦後の労働組合は、企業別労働組合に端を発した「正社員のメンバーズ・クラブ」に変質してしまった。つまり正社員を守る企業労働組合になったのである。

中曽根内閣の国鉄民営化による国鉄労働組合の解体から、組合員数の長期的な凋落傾向から脱却できない。組合員は強制的に組合費を徴収され、組合員であることに魅力がなくなっている。ストも打てない組合は、全く弱者である労働者に寄り添わず、時の政府となれ合いになっていると揶揄されてもしかたがない。

消費（購買力）が、増えないのは、ここ三十年ばかりの非正規雇用拡大による労働政策の失政にある。「仕事の多様化」で労働者は働き易くなると「美辞麗句」を述べ、経団連の希望・要求通り、「製造現場への派遣」を究極に認めたことが、非正規社員を増大させ、貧困化させた最大の原因である。

安倍三次内閣は、「働き方の改革」と喧伝した。本質を全くとらえていない言葉が、関係担当大臣から、ＮＨＫ日曜討論で「長時間労働の規制強化」と的外れの、ちんぷんかんぷんの言葉が出てきた。首相の「非正規雇用の言葉をなくす」はそんなに軽いものだったのか。

わたくしは、一無名の小説家として時代の警鐘役としてお役に立てれば幸いである。

違法に合法化された「労働者派遣法そのものの廃止」を、所得格差、貧富格差をなくし、ひいては、日本経済を立て直すキーワードとして、つまり成長戦略として宣言したい。

労働者派遣法の廃止は急務である。ただ、元に戻すだけである、的外れにならない議論をし、市民社会が受け入れられる「雇用システム」の再構築を展開すべきである。社会保障制度まで含めた長期的な視点から、改革すべきだと思う。世界各国の労働行政の国際比較、日本がしょってきた戦前、戦後からの労働行政の歴史を学ぶことにより「派遣労働者は、政府が作った雇用身分で、一旦、派遣労働者になれば、学歴、知識、技量がある者も一生そこから抜け出せない」という悲痛な叫びに政府は、真剣に答え「派遣労働」をなくす時に来ている。

## 「政府与党に派遣労働に対し良識ある政治家の発言」

政府自民党の中で良心的な政治家もいることを紹介し、その思いを希望としてわたくしは持ちたい。二人の元大臣の発言を書きおろしてみる。

①元衆議院議員で元厚生労働大臣の発言として

二〇〇八年年六月十四日東京秋葉原で起きた非正規雇用の青年がトラックを運転し、交差点に突入した無差別殺傷事件がきっかけで、当時の大臣が、同月十六日閣議後記者会見で、「派遣社員であったということがどれだけ影響しているのか、そこをきちんと検討しないといけないと思います。わたくしはやはり特別な通訳さんとか専門職以外は、やはり基本的には、常用雇用というのが当たり前なので、安定した職をもって安定した家庭もできて精神も安定するので、恒産なきものは恒心なしという、そういう原点に戻るべきだと思います。派遣労働については、先般、総理の指示もありましたから、国会が閉じられて、今国会で間にあわなくとも、次の国会できちんと手を打って、恒産なきものは恒心なしということをしっかりやるべく時期が来ていると思います」と、小泉内閣から十数年後、これまでの労働政策とは真逆の発言内容である。特に非正規雇用について、これほど踏み込んだ良識ある発言はなかった。この発言の中に非常に含蓄のあるフレーズがある。「常用雇用」「安定した職をもって安定した家庭が出来て精神も安定する」「恒産なきものは恒心なしということをしっかりやるべき時期が来ている」と、「政治」によるこれまで「経済財政諮問会議」の民間議員が跋扈し、企業に都合のよい非正規雇用を拡大蔓延させた悪法に対する反撃が始まるきっかけになってほしいと願う。

その三日後、閣議後記者会見で同じ元大臣が、「日雇い派遣」の原則禁止についても思いを次のように述べた。

「普通のメーカーさん等でやっている派遣というのは常用雇用が普通だと思います。だから基本的には日雇い派遣というのは、私はいかがなものかなと思っております。原則的にこれはやめるような方向でやるべきであると思います」

懸命にゆがんだ雇用政策を正そうと努めている態度が読み取れる。

この殺傷事件をきっかけとして、派遣法改正に向けた議論が派遣を制限・禁止する方向に舵を切る。犯人がたまたま派遣社員であったことによる。

②自民党衆議院議員で元厚生労働大臣は、あるインタビューの中で、「雇用の問題、賃金格差の問題が拡大している。今や三人に一人が非正規雇用である。賃金は正規雇用の約六割、ボーナスなし、退職金なし。生涯所得で相当な格差がついてしまった。我々は少子化対策という側面からも、この問題を考えなくてはいけない。経済力の乏しい非正規雇用

の人たちは婚姻率が低いのは周知の事実である。労働ビッグバン（非正規雇用の拡大）を唱える方々は、どんな国家観をお持ちなのか。単に安い労働力を求めて下へ下へと裾野を広げていくのだとしたら、それは我々の国家観とはかけ離れている。わが国のあり方を中長期的に考えたとき、どういう働き方がいいのか。これは（労働ビッグバンを）なし崩しで行っていい話ではない。努力する者が報われる社会、それは結構。しかし、黙々と汗を流したら一定の成果は得られる社会にしたい。優秀な人だけが報われる社会を目指していない」と述べた。政治家として、まっとうな意見である。が、現実に元厚生労働大臣が、役人に何を指示したのだろうか。非正規労働がその後もますます増えている。

　ある短歌を愛する三十二歳の非正規雇用の男性が、二〇一七年暮れに自死した。

　中学、高校でいじめを受けた精神的な不調は大学卒業後も続いていた。契約社員として事務補助などをした。非正規雇用の下で仕事をする人々のまなざしに向けた短歌をいくつも詠んでいる。

非正規の友よ、負けるな　僕はただ書類の整理ばかりしている

僕も非正規、君も非正規　私が来て牛丼屋にて牛丼食べる

「僕の心の叫び」の短歌集の句である。「だからぼくは謡うんだと思います。誰からも否定できない生き様を提示するために」という言葉を残して世を去った。若き青年の望みがかなえられなかった絶望の叫びだったのだろうか。

# 第二章　日本の派遣労働者の現状

ある若い派遣労働者は、「派遣制度は政府による窮乏化政策である。失うものは何もない。戦争を希望する」と述べている。イスラム原理主義の急進的な宗教に洗脳された先鋭的な思想と根っこは同じではないだろうか。この兆候は無視すべきものではないだろう。政府が望んでいる策略かもしれない。すなわち「若者は戦場へ、窮乏化した若者は自衛隊へ行け」と企んでいるのかもしれない。この発言に賛意し、触発される若い派遣労働者が出ないことを願う。追い詰められた若い派遣労働者の実態を述べたい。

## 「派遣労働者のプロフィール」

二〇一三年度　派遣労働者の方々のアンケート調査をつぶさに見てみると、

### ①性・年齢・家庭

男性比率が年々増えている。女性比率は五九%で六〇%を切った。男性は三六%を占めている。平均年齢三十六・四歳。既婚者は三六%、独身・単身は三三%、独身で家族と同居者二二%となっている。扶養家族ありは一七%である。

②派遣の種類

就業地域は首都圏四都県が三六％（東京が二四％）、大阪府〇％、愛知県（六％）、福岡（五％）。

契約期間は「一年以下」が八四％を占めている。「登録型派遣」の非常に不安定な雇用状態である。従事業務は、一般事務一六％、製造一〇％、軽作業一〇％、販売七％となっている。

③調査は三年ごとに実施されている。今回の回答結果のポイントは次のとおりである。

**「派遣労働者の圧倒的多数が〈正社員〉を希望している」**

派遣の仕事を選んだ理由として「自分の都合に合わせて働ける」を挙げた者は三八％だったのに対し「正社員として働ける適当な企業がなかった」が四七％で上回っている。今後の働き方の希望では「正社員として働きたい」が六三％で、「派遣スタッフを続けたい」が二一％いる。

公的な最新の厚生労働省「派遣労働実態調査」でも六〇・七％が「正社員として働きたい」。同統計情報部の「平成二十四年派遣労働者実態調査」では、「登録型派遣労働者」の四九・八％、「常用型派遣労働者」の三七・二％が「派遣社員ではなく正社員として働きたい」と明確に意思表示している。政府機関も実態を明確に把握しているのがわかる。日本人材派遣協会調査でも「正社員」希望が五二・一％となっている。派遣協会は居心地が悪くないのだろうか。「生血を吸う日本人材派遣協会」で半数以上の派遣労働者が悲鳴を上げていることを知りながらどのような神経で世の中に存在しているのか。「派遣労働」は、社会で認知されたものではないだろう。

## 「守られない契約業務」

派遣先の就業条件が契約書の内容と違ったというものが、六九％もある。派遣会社はピンハネ業だから法令順守などくそくらえと思っているのだろう。派遣システムの根幹がこのありさまである。派遣会社は「労働者調達稼業」である。人をかき集めて派遣先に送り込む昔の手配師そのものではないか。

## 「派遣先が労働者を特定する」

派遣法で禁止されている「派遣先による労働者の特定目的行為」が公然と行われている。事前面接、採用試験、顔合わせ、職場見学などの経験者は六〇％にもなっている。

これでは、派遣先による「直接雇用」と何ら変わりはない。そもそもこの禁止法令も無理を重ねて違法を繕った結果である。派遣先は当然のこととして「採用試験まがいのこと」をしてなにがおかしいのと思っている。禁止そのものが意識からかけ離れている。

## 「派遣会社の派遣料金と派遣労働者の賃金（日額）」

二〇一八年の派遣会社派遣料金は無期契約者は二四、六六三円、有期雇用者は一八、八九三円である。これに対応する派遣社員の日額賃金は、無期雇用者は一五、八八八円、有期雇用者は一二、六〇四円である。これは何を意味するか。派遣会社料金と派遣労働者賃金の差額が、搾取額である。派遣会社の二〇一八年の売上高は六兆円を超える。派遣労働者の六八％が年収三〇〇万円未満である。三〇〇万円以上は二一％に過ぎない。自分の将来について「不安を感じている」人が五九％にも達している。平成二十九年の派遣労働者実態調査の派遣労働者の五五・八％が「賃金制度の改善」を求めている。二番目は「継続的な仕事を確保してほしい」が三一・六％である。三番目の「派遣先での『直接雇用』に切り替えるように依頼してほしい」が、二三・一％である。

## 「正社員との大きな格差、切実な均等待遇希望」

正社員と「格差があると思う」人は、八〇％である。その内容は、「賃金」六七％、「福利厚生」五五％、「一時金」五三％、「退職金」五三％、「有給休暇」三七％、「通勤旅費交通費」三五％等願えども手に届かない差別が厳然としてある。「人間の尊厳」までぶち壊す「職場スタッフとしての尊重」が悲願として高率での要望となっている。同じ労働者間の階層差別は学歴差別以上に我慢のならないことである。学歴は自己責任でも、職場の階層差別は自己がかかわることが不能なものだからである。例えば、交通費の支給、会社の食堂利用、賞与の支給、社会保険の加入と正社員と同等な待遇を希求している。しかし、これらは派遣会社が介在する限り無理難題である。

### 「派遣会社の無能・無策」

派遣先の都合による一方的な突然の雇止めが七六％もあるが、派遣元は派遣先と対等な交渉ができない。労働者に次の仕事を紹介できない派遣会社がたくさんある。派遣会社は簡単に開業でき、特に「登録型派遣会社」は何ら責任がない。派遣者が派遣先の面接（違法）で合格するまで何ら負担を負わない。派遣先が雇い入れると伝えられた時からピンハネビジネスが始まる。こんな会社がまともな会社であるのか。

### 「派遣労働者が悩んでいること」

仕事の割に合わない待遇（賃金・福利厚生）」が二九％ある。派遣会社がピンハネしているのだから賃金は低くなる。ピンハネ業者を排除し、派遣先＝企業が「直接採用」すればいいことである。不法にも企業は派遣労働者に対し「事前面接」などしている。

民間企業について詳述してきた。次に公務員はどのような実体か東京新聞（平成二十八年九月十四日朝刊）から引用すると、

「公務員の非正規雇用」

公務員でも非正規雇用がこの四年間で四万人増えた。

総務省は二〇一六年九月十三日、全国の地方自治体で働く非正規職員が二〇一六年四月時点で六四万四七二五人となり、前回の二〇一二年四月調査から四万五〇〇〇人余り（七・六％）増えたと発表した。前回は五九万八九七七人だった。二〇一六年四月時点で正規職員は約二七四万人おり、非正規公務員は全体の二割近くに達する。地方の財政難も影響し、立場の不安定な非正規雇用公務員が自治体にも広がってきている。各地の自治体では、第二次ベビーブームで児童・生徒が増えたのに伴って多く採用された教員が退職時期を迎え

たこともあり、正規公務員が減少した。延長保育などの住民サービス向上や、教員の人手不足を解消するため、非正規公務員を増やしたとみられる。

この調査は不定期で、これまで〇五年、〇八年、一二年に実施してきた。非正規職員は最初の〇五年度時点が約四五万六〇〇〇人で、その後は増加が続いている。定年後の再雇用制度に基づく採用は含まない。

職種別では、事務補助が最多の約一〇万一〇〇〇人。教員・講師が約九万三〇〇〇人、保育所の保育士が約六万三千人、給食調理員が約三万八〇〇〇人と続いた。

勤務時間は、フルタイムが約二〇万二〇〇〇人、正規社員の勤務時間の四分の三を超える人も二〇万五〇〇〇人で、正規職員に近い働き方が多いことがわかる。非正規職員の七四・八％に当たる約四八万二〇〇〇人だった。非正規職員を巡っては、経験を重ねた職員が契約を更新されない「雇止め」となってサービスが低下する懸念や、正規職員と同じ仕事をしても賃金が低いといった問題が、ここにもある。総務省は有識者研究会で、制度改正などを検討しているようであるが、この根本は、「労働者派遣法」があるから、自治体も安易に利用していることにある。「非正規職員の採用窓口」が派遣会社となっていることが多い。

自治体の非正規職員は、原則一年以内の任期で採用され、補助的な業務を担う一般職非常職員などの公務員である。「官製ワーキングプアー」としてこれも問題視されている。事務補助職員や教員のほか、図書館職員、看護師、消費生活相談員などの職に就いている。「派遣労働法」がなければ、非正規は公務員までには広がらなかったのではないか。子供の教育現場でまで、有期雇用の先生が生徒を教えているのは国家政策として寂しいものである。せめて子供の教育に関係される方には安心して働いてもらえるよう、「正規雇用」を願うのはおかしいのか。国家予算が窮しているというが、子供の教育投資を充実させることが必要である。

最近、ＩＰＳ細胞の研究者が、研究の成果を発表したが不正なデータをもとにした発表だったと糾弾された。この原因は「雇止め」を期近にひかえて成果を出したかったと言われている。責任者は有期雇用を認めたものの、抜本的な研究者の待遇等は見直さなかった。

# 第三章　アメリカの非正規雇用

日本に非正規雇用をもたらした先進国アメリカのこれまでの非正規雇用の実相と、ますますアメリカ企業の日本法人のあくなき労働者の「商品化」「コスト化」に邁進している姿をあぶりだしたい。

アメリカの金融業の町ウオール街の金融のディーラー、金融業者、企業のエグゼクティブ、シリコンバレー等のベンチャー企業の成功者に目を奪われがちであるが、富の二極分化を招いたのは、非正規雇用が元凶なのである。米国の好況を支えてきたのは、レイオフの脅威にさらされながら低賃金に耐え、不安定な労働契約のもとで懸命に働いている労働者である。

## 「一九六〇年～一九九〇年代の労働者の状態」

一九六〇年代にさかのぼって労働者の環境、経緯を見てみたい。

一九六〇年代は、一般的にはレイオフは景気循環の悪化、需要の季節変動などにともなって実施されてきた。レイオフの順番が「先任権」によって決まり、指名された者は自宅で待機し、割合短期に職場復帰ができた。

ところが、一九八〇年代に入ると、米国の企業は国際競争力の回復を求めて大胆なリストラを行った。製造業では、技術革新や事業のアウトソーシングにより、それまであった職務がなくなり、レイオフされた者は職場に復帰できなかった。解雇である。さらに九〇年代になれば、先任権がないがしろにされ、突然誰が指名を受けるかわからない突然のレイオフが多くなった。

企業は、会社への従業員の忠誠心も期待などせず、忠誠心が弱くなることは織り込み済みなのである。労働者は、自衛策として、職業訓練を積極的に受け入れたり、長時間労働もいとわず、有給休暇を短縮する、上司に反抗しない、賃金の低下も我慢するといった状態になり、解雇による雇用不安の脅威が職場に蔓延した。

一九九七年の全米の失業者の状態は、失業率は四・九パーセント、失業者は六、七三九千人で、レイオフ者は三、〇三七千人である。このレイオフ者数は、一九七五年の世界的大不況のときの人数に匹敵する。レイオフ者は全米の全労働者の中でどのような状況か見てみる。

## 「米国労働者の雇用状態」

米国労働者の雇用実態は、従来の米国統計基準では、「フルタイム労働者」、「パートタイム労働者」に区分されるだけである。パートタイムは、「自発的パートタイム」、「非自発的パートタイム」に区分される。米国労働省資料は継時的にパートタイム率、自発的パートタイマー率、失業率、非自発的パートタイマー率を一表にしている。

その表から読み取れるのは、一九九一年を見ると「非自発的パートタイマー」は景気回復に比例して減少していない。さらには、規制緩和に伴う雇用構造が劇的に変容した。

一九七〇年代の石油危機以降、世界的規模で低成長期に入った。そこから脱すべく、企業統合、国内の社会的制度の見直しや規制緩和、技術革新、リストラで大改革が進んだ。この成果の指標は各国の失業率を見ればわかる。米国は四%台に低下したが、労働者にとっては雇用の一層の不安定化、賃金の低下、生活の不安定化をもたらした。

雇用の構造的変化が進行していた。すなわち、八〇年代のグローバル化に起因する企業のリストラ、新自由主義に基づくレーガン大統領の規制緩和が加速された。米国の国民を守ってきた社会的諸制度が解体された結果もたらされたものである

米国は、建国時代からの自由主義・個人主義がアメリカン・ドリームとして、「自助」による生活の向上が可能であった。政府の社会保障は公的な保障として機能せず、労働組合の組織率が低下すると、労働組合に対する攻撃もあって労働者の生活状態の悪化が強まった。米国の好景気、特に雇用統計の改善の結果、金利引き上げが頻繁に取りざたされるが、一方では、二〇一六年の大統領選挙に見る如く、トランプ現象が起こっている。低所得者の支持があるものと思われる。英国のＥＵ離脱の背景の一部には、労働者の窮乏と軌を一にするものと思われている。米国の好景気は労働者の雇用の不安定、賃金低下のもとの繁栄である。

## 「米国の労働組合の力」

米国の労働組合と社会保障の関係を見ると、労働組合は企業に対して、組織力を背景に「付加給付」を勝ち取ってきた。「健康保険」、「企業年金」、「有給休暇」等がそれである。米国の社会保障制度は法的に強制されるものではない。日本のように公的な社会保障制度ではないのである。先にも述べた「自助」の精神が底辺にあり、労働組合のないところ、また、弱小である組合は企業から既述した「健康保険」等は勝ち取れない。失業保険でさえ断続的な雇用では受給資格がない場合が多い。派遣業者は、受給資格が発生しないように年間労働時間を調整していることが多い。

## 「米国の派遣業は誰が導入したのか」

歴史的な労働者概念の風化をもたらした事態は、何に起因するのだろうか。それは、企業の労働コスト削減策に便乗、迎合して、営利企業として「労働市場」に介入した人材派遣業の存在を是認したことから始まった。是認の経緯は後述する。人材派遣会社は、労働市場に「私的」に介入し労使関係の分断「雇用関係と使用関係の分離」を図り、それを雇用の制度として作り出した。米国の政府ではない。一企業が独断的に制度化した。この人材派遣は、労働者と使用者の直接的な雇用契約を企業（使用者）と人材派遣業との派遣契約という商業上の契約に置き換えた。日本も同様であるが、日本政府は、人材派遣業者と企業（派遣先）との契約（労働契約ではない）の違法を放置できずに、人材派遣法を制定した。

## 「正社員から請負業に」

米国の雇用関係は、企業が安い労働力を活用しやすくするために正規労働者の雇用を避ける傾向にある。専門職の労働者を、企業は正規労働者から請負業に仕立てていく。例えば電気製品、水回りの製品の設置、修理等は専属的にさせている。労働市場の契約は、企業と請負業者との仕事の「請負契約」に変質したのである。

これらの人材派遣業、請負関係に現れた労働契約の変容は、労働市場が一般商品市場化した証しである。すなわち、「労働力」は「商品」に変化したのである。労働市場に市場原理を企業が徹底させた。これが、個人所得、家計所得が、二極化した最大の原因である。すなわち、富める者はますます富み、貧しいものを一層貧しくしている。

米国は、人材派遣業をほとんど規制しない国である。

一九七〇年後半から、企業はリストラに走り、労働規制の緩和が実施されてきた。その間にも雇用制度の流動化（フレキシビリティ）が一般化していた。レーガノミックスによる規制緩和と労働組合への強権的介入により、弱体化した労働組合がさらなる労働規制の拡大を押しとどめることができず、米国の労働市場は一層の流動化に向かっていった。

### 「米国の派遣業者の業務の拡大」

派遣業者の業態は変化している。もともとの派遣業の業態は、仕事の手助けで、一時的に人を集め供給する仕事だった。それが企業の第二人事部と言われんばかり企業に「進駐」している。すなわち、正社員の採用活動、ある部門の仕事を丸ごと請け負ったりしている。リストラ社員の選別、アウトプレースメントなど業務を拡大している。当然、日本の派遣業者の一部は米国の会社の子会社か、その一部門であるから米国で現実に起こっていることが日本においても起こっていることは理解できる。このような企業の人事管理戦略の関与は人材派遣業の発展とともに規模を拡大してきている。人材派遣業は、多国籍企業化している。世界的規模で活動している。日本の厚生労働省が、企業が退職させたい人物の人選、やめさせる手伝いまでする人材派遣業者に警告を発してやめさせたのはつい最近のことである。日本にもアメリカの人材派遣業の業務が紛れ込んでいる証左である。さすがに、日本の厚生労働省はそこまでは、やらせなかった。

## 「米国の人材派遣会社の役割は何なのか」

米国最大の派遣会社の社長の言い分「人材派遣業の最も支配的で、広く認められてきた社会的経済的役割は、労働者特に女性が労働力として長期間離れたのちに、再び労働者として市場に戻ることを促進することである」と言う。女性の労働力だけではないだろう。実にお粗末な発言である。笑止千万である。この程度の人物が業界を牛耳っている。さらに、米国全国人材派遣協会の主張は、自らの事業について、「基本的に労働市場の仲介者である。それは労働者の潜在力を労働力や生産力へ顕在化することを支援する。そのことによって、人材派遣会社は労働市場機能を雇い主にも労働者にも利益になるように、より良いものにする」。これは、一方的な自己満足の表現でしかない。自らの「手配師」を「労働市場の仲介者である」とぬけぬけと言い放つ協会である。

## 「米国の人材派遣会社の生い立ちと存立の克服」

米国の人材派遣会社は日本と違って民営職業紹介事業がスタートである。日本はハローワークという公的な機関が無料で職業紹介していた。米国の民間職業紹介は、紹介した労働者から紹介料をとる。「紹介料をとる」という社会的非難が付きまとってきた。人材派遣は直接には労働者から紹介料をとらない。人材紹介事業は経営上の不安定性があり、長期的な安定した収入が渇望された。その克服のために編み出されたのが人材派遣業である。企業に安定的に労働者を供給し「派遣料金」を得ることから存在価値を得たのである。

派遣会社の社会的認知は、米国でも疑わしいものであった。派遣会社は州法の規制からのがれ、「雇用主」という認知には時間がかかった。ヨーロッパの法廷や一九五〇年代から六〇年代の米国の法廷の裁定の多くは派遣業の業種の存在に反対していた。

## 「米国派遣会社の公的認知」

派遣会社は、雇い主として払うべき「税金」をこまめに国税局に納税した。派遣会社は直接雇用はしていない。払う義務などはない。国税局はそれを受けとった。そのことが、公的な認知なのであろう。ニュージャージー州裁判所は一九五七年、マンパワー社（全米ナンバーワンの派遣会社）は職業紹介業であるとして、労働者の「雇い主は派遣先企業」であると裁定した。しかしこの判決にかかわらずニュージャージー州は、マンパワー社（派遣元）から「失業保険税」を受け入れていく。マンパワー社が労働者を雇用していることになる。米国の法治国家としてのメンツはいかがなものか。

日本では、派遣業として違法性を抱えながらこのような議論にならない。違法性を抹殺しながら制度の繕いに四苦八苦している。ただ、厚生労働省は、派遣労働者の統計数値を把握している。米国では非正規労働者の分類があいまいであり統計数値もない。そのため か、米国では、今なおこの根本的なことが議論追及されている。派遣業者の社会的認知は政治的な動きで納得のいくものではないのである。

米国で、派遣会社や派遣労働者の状態が明らかになってきたのは、一九九三年のロバート・パーカーの著書『手配師と労務者』においてである。パーカーは、自ら派遣労働者になって体験し、聞き取り調査を行った。彼は、労働社会学者や、労働統計局のエコノミストたちが「派遣」という雇用形態を、単に不完全雇用のあまり重要ではない形態と無視し、その「派遣労働」の特有な性格を見逃していると批判している。

派遣会社は自ら宣伝しているような求職者と求人者を会わせる職業斡旋業ではなく、営利目的をした私企業であり、それゆえに求職者に職を与えないことに対し、「なんの責任も持たない」と喝破している。日本の「登録型派遣」を考えるとよくわかる。日本の「登録型派遣会社」は、派遣先が人物を特定してから、派遣契約を結ぶ。それまでは労働者には一切給料など保障しない。派遣先が人選して初めて、派遣会社と派遣先が民法上の「商業契約を」して雇用関係が出来て、その契約の雇用日からしか就業できない不安定さがあり、この不就労の期間は賃金をもらえない。

# 第四章　革命的発言である

二〇一六年八月三日安倍三次改造内閣で、安倍は、経済対策で「非正規（労働者）という言葉をなくす決意で臨む」と宣言した。「同一価値労働・同一賃金」、「長時間労働の是正」、「労働制度の改革」の三点を掲げた。

経済政策の失政で追い詰められた「政治」の革命的発言『構造改革の負の側面が顕著な台頭に追い詰められた結果として』として私は聞いた。

## 「経団連の雇用政策」

一九九五年五月に当時の日経連（現・日本経団連）によって公表された「新時代の日本的経営」と題する報告書の内容に象徴的に宣言されている。この報告書で、今後の労働を

①長期蓄積能力活用型
②高度専門的活用型
③雇用柔軟型

の三つに分類している。終身雇用の社員は①のグループに限定し、②は有期雇用の派遣

社員③は有期雇用のパートタイム労働者を採用していく。小泉内閣の「経済諮問会議」の民間議員による、非正規雇用の拡大拡張路線からみると、安倍内閣の「政治」による反撃是正であると信じたい。しかし、非正規労働の実態は首相には理解できていない。なぜなら、この直前までさらなる規制緩和に走っていたからである。「非正規労働者をなくす勇気」は首相にはないだろう。派遣会社の抵抗は岩盤で労働者派遣法廃止に応じるはずがない。

この提言が企業に非正規社員拡大の「お墨付き」を与えた。正社員と非正規社員を組み合わせる「雇用ポートフォリオ」を打ち出したのである。

株高、企業成績が最高の時でも非正規社員依存を止めない企業が大多数である。

「人間中心の日本的経営が変わった」と言わざるを得ない。労働者派遣法が存続する限り戻らないだろう。経団連が今こそ、「非正規社員の正社員化」を提言して、その社会的存立、認知を求めたらどうだろうか。良識ある企業経営者に期待したい。

## 「同一労働・同一賃金について」

「同一価値労働・同一賃金」の議論は、派遣会社にとっては、一面では会社存続にかかわる重大な事件であろう。派遣会社の手数料（非正規社員の生きた血から搾取する）は何処からくすめとれるのか。例えれば、自動車組立工で正社員、非正規社員が働いていて、給料が同じなら、派遣会社は正規社員と同額払うことになる。派遣会社の儲けはどこから来るのか。ピンハネ料は、三割から五割で派遣料からそれを差し引いた「余り」が、派遣労働者の賃金である。その賃金が正社員の賃金になるとは考えられない。経済諮問会議の民間議員の大学教授は、正社員の賃金を下げるとまで言い切っている。これらを考えるとあながち賃金切り下げは嘘ではないだろう。本質を言い当てている。資本主義の中では、ピンハネ料に規制はかからない。経済活動は自由だからである。派遣会社のやりたい放題である。この議論は成り立たないことがわかる。むしろ、「同一価値労働・同一賃金」は、正社員を非正規労働者に置き換える危険をはらんでいる。「同一価値労働・同一賃金」は、職務を公正に評価できることが大前提である。「余人をもって代えがたし」というクリエイティブな職務の評価をするのは大変困難である。属人的なクリエイティブな職務は客観的な評価が著しく至難の業である。単純労働の職務評価しかできないだろう。すると、正社員が、非正規社員に置き換えられていくのが推測される。欧米の「同一価値・同一賃金」とは著しく異なる。

日本の高度成長期の「雇用身分差のない社会」に戻るのは、現在の経済の低成長、ＩＴ革命の進展、少子化などのため至難の業であろう。社会全体が、国民がいまの雇用体系はおかしいと思う契機を首相が認めざるを得ない状況まで追い込まれた。労働者派遣法を廃止すれば、先が見えてくる。世界に向けて「労働者派遣法の廃止」を宣言すれば首相の決断は「ノーベル経済学賞」の価値はある。世界経済を一面では不幸にしたグローバル化という妖怪にむしばまれたここ十数年から、個人が生かされる時代の到来が見える。後述するように労働者派遣法の「違法」を何度も何度も「繕う」必要がなくなる。派遣期間、一定の派遣期間が過ぎれば正社員申し込み可能等あるが、企業は、法律の裏をかいてあの手この手で不法を繰り返す。「非正規」という言葉をなくすというなら、それは労働者派遣法の廃止しかない。

## 「期間従業員の契約ルールの変更」

改正労働契約法で定められた雇用の無期への転換について、二〇一八年四月を前に、日本のすべての自動車メーカーは無期転換を免れるよう契約ルールを変更した。二〇一三年に施行された改正労働契約法で、期間従業員ら非正規社員が同じ会社で通算五年を超えて働いた場合、本人が希望すれば無期契約に転換できる「五年ルール」が導入された。申し込みがあれば企業は拒めない。既述した〇八年のリーマンショック後の大量の雇止めが社会問題化したことから、長く働く有期雇用労働者を無期雇用にするよう企業に促す目的だった。

しかし、抜け道を用意していた。つまり、有期雇用契約終了後から再雇用までの「空白期間」が六カ月以上あるとそれ以前に働いていた契約期間は「リセット」されて、五年の通算にはならないことに変更したのである。世界有数の自動車メーカーは二〇一五年に期間従業員の空白期間をそれまでの一カ月から六カ月に変えた。他の自動車メーカーも時期こそ違え六カ月に並べた。

このことは何を意味するのか。期間従業員は「寮」を追い出され半年間無給の生活を余儀なくされる。住むところの問題が最大の費用の出費となる。おそらく半年後には元の企業に戻ることになる。期間従業員とは言え正社員と同じ仕事をしていたのだから、人手不足の世の中熟練工は引っ張りだこだろう。厚生労働省の調査では期間を定めた契約で働く人は一五〇〇万人にのぼり、そのうち三割が同じ企業で五年超えて働いている。

経団連が、「企業が再雇用しなくなって労働者の雇用機会が失われる」と主張し空白期間を取り入れるよう主張した。後述するように大手自動車メーカーが二三兆円弱も利益剰余金をため込んでいる企業の労働者を食い物にしている企業の実態である。この「五年ルール」を容認した労働組合も経団連と同じく社会的責任が問われるだろう。

## 「労働者派遣法の廃止はできる」

廃止に伴う大混乱はあるが、元に戻すだけの改革である。時間がかかる。すぐには移行できないかもしれないが、政府が「企業は労働者と【直接雇用】を再度法律化する」と宣言すれば、その方向に社会は動き出す。「公正・公平な社会」を目指すのなら、企業経営者は自ら先頭に立って「直接雇用」に戻すべきである。企業は「公器」(ステークホルダーのもの)であることを再度認識し、非正規社員をなくさなければ、自らの企業は栄えない。「需要と供給」の経済原則を考える時が来ている。非正規労働者は給料が低く欲しいものも買えない。

労働者派遣を受け入れないことを企業のコンプライアンスとして企業経営者自ら考え、行動に移す時期である。そのとき、経営者が「自らの会社には派遣社員はいない」と宣言できる世の中が実現できると思う。派遣労働者を抱え込んだ企業経営者はモラル失格で「ブラック企業」である。世論の厳しい批判で市場から退場である。本書の副題にあるように、企業経営者の「倫理」が問われている。平成二十八年九月一一日付の朝日新聞「天声人語」

に資産家、実業家に河上肇は人を思いやる「倫理」を求めたことが書かれている。本書の最後に紹介しておきます。

首相が「非正規（労働者）という言葉をなくす決意」と言ってのけたのだから、企業経営者は内部留保をためることに精を出すのではなく、率先して非正規社員を利用（雇用とは言わない）しての企業活動を停止し、採用は、すべて正社員から同じ条件で競うのはいかがか。非正規社員を「不本意に正社員になれなかった社員」と定義すれば、さほど難題ではない。企業経営者の子息が「生涯非正規社員にしかなれなかった」事態と想像しさえすれば、経営者自ら指示し動くべきことである。

「非正規社員」が自らの会社に在籍することすら知らない企業経営者がいる。経営者として失格である。

「労働コスト」削減を派遣労働者に依存するなら、その企業はブラック企業であり、廃業すべきである。

## 「日銀総裁の本音」

日銀総裁は自ら掲げた公約を何度も破り挙句の果てにはマイナス金利まで導入した。原油価格の暴落予測不可能な事態であったから達成は不可能だと宣って辞任の一言も言わない。原油価格の暴落はアメリカ、カナダを中心としたシェール・オイルの産出が膨大であり、原油価格の暴落は予測できたはずである。供給量が増えれば価格が下落するだろうと考えるのが日銀の仕事だろう。所得が上がらない原因は低所得の「非正規労働」にあると政府に「たてつけば」いいものをと思う。

結局、「消費者の需要」がないということである。「個人消費が低迷している。デフレ脱却の未達は政府の責任だ」と日銀総裁はすずしい顔で述べておればいい。結局、非正規社員が四割近くになったのは政府の責任で、個人消費の低迷は給料が低いから、物が買えないのだと開きなおっている。「賃上げ」を日銀が政府と一緒に喧伝していたのは道理がある。デフレが脱却できない原因はわかっているのである。

円安効果で好景気からか、人手不足が主な理由と思うが（世間体からではない）、企業は正社員化を進めていると言うが、ジェスチャーでなく、非正規社員を社内から根絶すると広報すれば社会が変わる一歩だと思う。

## 「正社員化は本物か」

「製造現場派遣」を受け入れている大手企業の中に従業員の直接雇用や正社員化に向けての変化が見られてきた。ごく一部の非正規労働者だけであろう。先に述べた大手自動車会社ですら無期転換とともに正社員登用を進めていると強調するが、登用者数が期間従業員全体に占める割合は一割程度にとどまる。正社員への転換があたかもすべての非正規社員を正社員にしていると受け止められていないだろうか。

正社員化された方々の人事処遇が差別的なものでないことを願う。とかく企業の人事部は差別する制度を作りたがる。

「民」による規制緩和から、「政」による規制強化の流れが出てきている。これは経団連の労働政策審議会で派遣労働の「全面自由化」宣言もいささか頓挫している。「政府」による「労働者擁護」の反撃が遅まきながら始まったと理解したい。労働者派遣法の撤廃まで進めば、確実に購買力が高まり日本経済は回復する。

絶望と閉塞感に満ちた非正規労働者の「生活不安からの解放」の手段は、労働者派遣法の廃止以外にはない。「偽装請負」等当局に摘発されれば罰金を払えばいいくらいに考えている企業にモラルを期待するのはおかしい。

# 第五章　労働者派遣法制定の背景

第二次世界大戦前、封建的労使関係（組頭、親方、周旋屋、手配師等の多様な名前の労働者の仲介業者が存在し、労働供給事業が有料で行われていた。労働者の求職や就労を食い物にする悪質な労働供給業者が多かった。企業も、労働者を募集する手間と使用者責任を回避しようとして、労働者供給事業者から受け入れる「間接雇用」を利用した。この克服を目指す労働基準法は、「中間搾取の禁止」（労基法六条）を定めた。同時期成立した職業安定法は、「有料職業紹介の禁止」とともに、労基法六条との関連で「労働者供給事業」を禁止した。職業安定法は、「公的職業紹介」の原則を基本としている。その四十四条では、労働者供給事業を禁止するとともに、労働者を受け入れることも禁止した。特に下請けの形式に偽装した労働者供給形態を、実態のある「請負」から明確に区別した（職安法規則四条）。

しかし、労働者供給事業に該当しない範囲が、一九五二年の同規則四条の改正により緩和された。一九七〇年代には、通常請負の形式で営まれる労働者派遣事業（業務処理請負事業）の多くは職安法施行規則四条一項の厳格な要件を満たしえない、職業安定法四十四条が禁止する労働者供給事業になった。実態として違法な労働者供給事業が広範囲に蔓延していった。その違法の解決策として「労働者派遣法」が合法化され制定されたのである。

一九八五年制定の労働者派遣法（正確には、労働者派遣事業の適正な運営の確保及び派遣労働者就業条件の整備等に関する法律）は、職業安定法四十四条に明らかに違反する「業務処理請負事業」のうち、専門的技術・知識または経験を要する業務、あるいは特別な雇用管理を必要とする業務に限って、労働者派遣業務を認めていた。

具体的には、①ソフトウェア開発　②事務用機器操作　③通訳・翻訳・速記　④秘書　⑤ファイリング　⑥調査と調査結果の整理・分析　⑦財務処理　⑧取引文書作成　⑨デモンストレーション　⑩添乗　⑪建築物清掃　⑫建築設備運転・点検・整備　⑬受付・案内駐車場管理の十三業務だった。さらに施行から四カ月に、⑭機械・設備の設計　⑮放送機器などの操作　⑯放送機器の操作等の制作の三業務が追加され、派遣許可業務は十六業務になり、その後一九九六年の派遣法改正で十業務が追加された。これが「専門二十六業務」である。

この業務のなかの大半は「単純業務」である。また、サービス業がほとんどである。労働者派遣法制定当時、推進者の大学教授（当時）らは、派遣が解禁される業務は「特定の専門的な知識、技術または経験を必要とする業務」に限定されるので正社員が派遣労働者に置きかえられる心配はない。またこれにより劣悪な労働条件の労働者が増えないと説明した。しかし、ファイリング、建築物清掃、受付・案内・駐車場管理等高度な知識やスキルを要しない業務がなぜか含まれている。専門業務に携わる社内労働者を社外から受け入れるというより、むしろ単純作業に従事する「社内の常用労働者を社外の派遣労働者」に置き換えることを確信的に意図していたと言わざるを得ない。

## 「日本の労働者派遣法は誰が推進したのか」

労働者派遣制度の合法化は派遣業界が求めただけでなく、グローバル化の嵐が吹きつける中、経済界は労働者供給事業の規制緩和として、雇用の柔軟化・間接化、外部化を通して労働市場の流動化（＝派遣化）を強力に求めた。政府もアメリカからの要請もあり、これを支援する労働政策があったことは否めない。

一九八五年、当時経済企画庁総合計画局が調査分析した資料結果は、パート、アルバイトを凌ぐ勢いで派遣労働者が増えていくと認識していた。二〇〇〇年には三人に一人は非正規労働者になるだろうと予測していた。一九八五年当時、派遣会社が厚生労働省に提出した「労働者派遣事業報告」によれば、派遣労働者数は一四万五〇〇〇人で、労働者全体の〇・三％に過ぎなかった。それが、同じ報告書では二〇一六年六月では、一般派遣労働者は、一〇五万六〇〇〇人、特定派遣労働者二七万八〇〇〇人合計一三三万四〇〇〇人である。実に三〇年間で一〇倍近い伸びである。実際は二百六十万人とした統計数字もある。

総務省「就業構造基本調査」で確認すると、パート、アルバイト、契約社員、派遣などの非正規労働者数の総数は、一九八二年の六七〇万人から、二〇一九年では二一六〇万人に激増し、全労働者数に占める割合は七％(六人に一人)から三八％(二・六人に一人)となっている。政府は、この三〇年間この状態を異様なものと認識せず、統計数字を把握しながら無作為を通した。

しかも、近年の労働力需給両面の多様なニーズへの対応、およびＩＬＯ一八一号条約（民間職業紹介事業所に関する条約）採択といった国際動向を理由として一九九九年六月に労働者派遣法は改正された。改正のポイントは、①港湾運送業務、建設業務、警備業務その他政令で定める業務を除いては労働者派遣事業を行うことができる。（ネガティブリストの導入）②派遣先が同一業務について労働者派遣の役務を受け入れる期間の上限が一年に制限される、ただし、二六業務の派遣期間は従前どおり更新二回、計三年間とされた。③派遣労働者の就業条件の確保のための措置に関して、新たに規定が加えられている。

二〇〇三年六月の改正は、産業界の要望に応えるように、①「物の製造の業務」への派遣が解除された。派遣期間は法施行後三年間一年間に制限されるが、それ以降は、三年までとされる（労働者派遣法四〇条の二、労働者派遣法附則五項）。医療業務のうち、社会福祉施設などにおける業務については解禁され摘要対象業務とされた（労働者派遣法施行令二条、労働者派遣法施行規則一条）。②労働者派遣の役務を受け入れる期間は、三年を上限とされ、一年を超える場合は、あらかじめ省令で定めるところにより期間を定めなければならない（労働者派遣法四〇条の二第二項・三項）。また、専門的業務二十六業務に係わる派遣期間の三年ルールは廃止された。

# 第六章　労働者派遣法の制定の経緯

一九八五年六月「多様な働き方ができる」との「美名」に乗せられて労働者派遣法が成立し、一九八五年七月から施行され、対象は十三業務から始まった。「多様な働き方」を求めたのは労働者ではなく、企業経営者である。それを、政治的、政策的に率先して後押ししたのは、政府である。このことは大切なことである。現在は、港湾運送業務、建設労働業務、警備業務が派遣法から除外されている。が、この法律がもたらした「雇用破壊」が日本経済の長期停滞をもたらし、貧困の増大、格差拡大が一段と鮮明になった。昨今、自明の社会現象である。しかし、「労働者派遣法の強化、推進」が貧困の増大、格差拡大の最大の原因だとは誰も言わない。労働者派遣法の改正は数次なされてきたが、少子化のせいもあり人手不足から、「非正規から正社員化へ」と時代の流れがみられるものの、基本的には「派遣社員」を温存させ低コスト経営の企業寄りの法律である。さらに企業に一番都合のよい方向に、つまり悪法に進んでいる。

労働者派遣法の成立過程を検証すると、アメリカ大統領レーガン、イギリス首相サッチャーの「ゆりかごから墓場まで」からの新自由主義政策への転換、レーガノミックスやサッチャーリズムの流れを継いだ中曽根首相の「臨調・行政改革」にその淵源が求められる。

レーガンは企業が活躍しやすいように、企業減税をはじめとして数々の規制緩和をした。組合攻撃をして弱体化させ企業を援護してやまなかった。

## 「日本の歴代内閣の労働政策規制緩和」

日本では、今日の構造改革路線を進めてきたのは細川内閣、村山内閣、橋本内閣と、革新勢力がかかわった政権だった。村山内閣は「自己責任の下、自由な個人・企業の創造力が十分に発揮できるようにする」「市場メカニズムが十分に働くように規制緩和をすすめる」と、宣言した。これらを受け継いで橋本内閣は六大改革を進めた。一旦挫折し、そのあと小泉内閣が強力に規制緩和を加速させた。その結果、いわゆる「市場原理主義」は日本をはじめ世界を席巻することになり、大胆な「規制の緩和や撤廃」「国営企業の民営化」「外資の導入」をして、民間企業の自由な競争を促そうとした。その流れを組む小泉政権の新自由主義政策の下、構造改革が加速された。その推進役は「総合規制改革会議」と「経済財政諮問会議」の二つである。後者の「経済財政諮問会議」は経済財政政策について、有識者の意見を十分に反映させ、内閣総理大臣のリーダーシップを十分に発揮させることを目的に二〇〇一年一月に内閣府に設置された。

前者の「総合規制改革会議」に労働界からの代表委員は入らず、当時、勢いの乗った有力な業界の人材派遣会社三社の社長が名をつらねている、国民を無視した組織であった。

この委員である人材派遣会社の社長は、「(当時の)労働省(現厚生労働省)はいらない。労働基準監督署もいらない。民法の契約だけで労使関係は結構」と宣うほど労働法の基礎的知識すなわち労使間における交渉力格差の認識もない人選である。労働法の尊厳ある歴史を全く知らない恥さらしの女経営者である。この組織から出てきた答申が「雇用破壊」を進めた機関車である。

## 「労働者派遣法改定の経緯の一覧」

一九八五年労働者派遣法の成立。

一九九六年。一三業務から二六業務に拡大。この段階では、対象業務を限定列挙するいわゆる「ポジティブリスト」方式であった。

一九九九年、港湾運送、建築、警備、医療、物の製造等以外は原則自由化するという「ネガティブリスト」方式に変わった。

二〇〇三年　工場の製造現場への派遣が解禁された。また、自由化業務の派遣受け入れは期間の限度が従来の一年から三年に延長された。それまで同一労働者の受け入れを三年までとしてきた「専門二十六業務」については、期間の制限がなくなった。

リーマンショックの際の派遣切りのあと、民主党政権下で進められていた「製造現場派遣」及び「登録型派遣の原則禁止案」が頓挫した。民主党政権もまともな感覚のない政党であったことがうかがえる。

二〇一二年三月、日雇い派遣を例外容認付きの規制だけが通った。

二〇一三年四月、改正労働契約法で期間従業員ら非正規社員が同じ企業に通算五年以上働いた場合、本人が希望すれば無期雇用に転換できる「五年ルール」が導入された。

二〇一八年の四月から運用されるが、大手自動車会社は、直接雇用の期間従業員は再雇用のため六カ月の空白期間を設けて正規化を阻止するために無期転換前に「雇止め」をして「五年ルール」を形骸化した。再雇用までの六ケ月以上の空白期間がある場合、それ以前の契約期間はリセットされ、合算されない。非正規社員を手放さない策略である。「ブラック企業」の最たるものであろう。十八兆円もの利益剰余金をため込んだ世界的に著名な自動車会社のすることであろうか。労働組合も「法に違反しない」と言って企業側に立っている。

二〇一五年九月「専門二十六業務」の枠組みが廃止され、企業は人さえ変えれば同一事業所での派遣期間をいくらでも延長できるようになった。これは、派遣先には職種を問わない正社員の派遣労働者への「置き換え」と恒久的な受け入れを可能にした。派遣労働者は転々と職場を変えながら生涯派遣労働者となる道を開いた。「奴隷労働の現場」を一層拡大するものであり、「直接雇用」から「間接雇用」は明らかに「戦前回帰」への改悪である。

労働者派遣法は、当初の専門的なスキルのある労働者を期間限定で使用する制度ではなくなり、正社員をいつでも使い捨て可能な派遣労働者に恒久的に置き換える制度になった。

二〇一八年の通常国会で、同国会を「働き方改革国会」と名付けた。目玉は、「裁量労働制の対象拡大」「高度プロフェッショナル制度の新設」で、この二つは経団連からの規制緩和の強い要請からである。特に「高度プロフェッショナル制度の新設」は労働時間規制を完全に外す制度の導入で、経団連の長年の悲願だった。残業代、深夜手当、休日手当、労働時間の規制はなし、勤務の労働時間の管理はなし。と年収を一〇七五万円以上のアナリスト、コンサルタント、為替ディーラー、研究開発者等を対象にした制度設計である。裁量労働制の運用違反で大手不動産業者は営業職の社員にまで適用して、労働基準監督署から異例の告発があった。裁量労働制のごとく、一度導入されれば、対象がどんどん広がっていく証左である。「高度プロフェッショナル制度」も同じである。生産性の向上のためと労務費を削る悪法は廃案にすべきである。

# 第七章　労働者派遣法そのものが違法性を持つ

労働者派遣法は法律として「違法」である。違法でないのなら、戦前の「労働者供給事業」は違法でないことになる。労働者派遣法制定前ではすでに述べたように、労働基準法六条には「中間搾取」の禁止がうたわれている。が派遣会社の市場参入のためただし書きが挿入された。

労働者は派遣元との間で労働契約を締結しているので、そもそも「第三者が他人の労働関係に介入するものではない」というが、派遣業者そのものが、第三者ではないのか。派遣労働者の「生きた血を」吸って生きている会社である。俗にいう「ピンハネ業」である。世間の常識からみてそれが妥当である。届けの必要な「特定労働者派遣事業者」と許可制の「一般労働者派遣事業者」も「ピンハネ業者」が体裁のいい「生血を吸う吸血蛾」の体面を装うものでしかない。戦前の手配師と何ら変わりがなく、「株式会社」というお面をかぶっている手配師である。

いつまで、このような違法がまかり通るのか。派遣社員の拡大拡張のために合法化されているが、その後ろめたさから、派遣社員のためにというお題目で改正がなされている。

労働者派遣法の本質的特徴、違法性は次のとおりである。（森岡孝二著「雇用身分社会」引用）

①労働者派遣制度は、「事業主または経営者は労働者を直接に雇用して賃金を支払わなければ労働者を使用してはならない」という雇用の第一原則を否定することによって成立した。この通り法律は絶対的なものではなく、人間が作り出した知恵である。国家が簡単に合法化してしまった。

②元来、一体不可分である「雇用関係」と「使用関係」を違法に分離して、職業安定法で禁止されてきた「労働者供給事業」を「労働者派遣事業」と言い換えて解禁し、労働市場仲介業者の「中間搾取」（ピンハネ）を政府が合法化した。戦前の手配師等の再現を思い起こさせるものである。（戦前は非合法であった）

③労働契約は、労働者が使用者の指揮命令下で労働し、その対価として使用者が労働者に賃金を支払うことについて、労使が合意することによって成立すると近代の労働法がうたいあげてきた。が、労働者派遣制度は、この関係を派遣先が派遣元に「派遣料金」

を支払い、派遣元の派遣会社がピンハネしてその残りを「賃金」として派遣元が労働者に支払う形式にすり替えることによって、労働契約の「基本原則」を国家が破壊した。
④労働者派遣制度では、労働者は自ら従事する業務の種類、働く場所、賃金、労働時間、受け入れ期間などの労働条件の決定を派遣先と派遣元の取引（派遣契約）に委ね、労働条件の決定への参画から労働者を排除している。何回も述べるが手配師と全く変わらない前近代的形態である。
④使用者は労働者の安全と健康に配慮する義務があるが、労働者派遣制度は「使用関係」と「雇用関係」を分離することによって、使用者が労働者に対する安全健康配慮義務を免れることを可能にしている。また派遣先企業の福利厚生の利用禁止、社会保険の適用から事実上派遣労働者を締め出している。
派遣という働き方は、戦前の「労働者供給事業」に起源がある。戦後、アメリカで発展し、世界に広がった。ＥＵ（欧州連合）は、日本より労働・雇用条件を厳しくしている。が、基本的には、派遣労働が労働者の保護権や権利や地位や状態を危うくしやすい働き方であ

る。違法を糊塗して無理に無理を重ねてきた法律である。この際、労働者派遣法を廃止し「法治国家」として出直す時である。安倍の本意がここにあることを願う。元厚生労働大臣の労働者の本来あるべき姿を問うた会見内容は日本国の「法治国家」への回帰と理解したい。

# 第八章　日本の労働者がおかれている現状

日銀による大量国債の買い付け、マイナス金利政策をとってしても、デフレは解消されず、日銀総裁はオオカミ少年のようにデフレは脱却できると言い続けて八年余りである。

一向にデフレは解消しない。経済学でいえば需要がないから物価が上がらないのである。企業が潤えば、国民が豊かになるという幻想でひた走って来た安倍経済政策は破たんしたのである。「非正規労働の言葉」をなくすとまで言った本意はわからないが、非正規労働者の増大で、物が買えない貧困層が増えている。

「官業賃上げ」と揶揄されている賃上げによる「消費喚起」に躍起になっている。安倍が本当に非正規労働者をなくせばいいが、先に述べたように人材派遣業者が大同団結して反対する。死活にかかわる問題だからである。

「非正規労働の言葉なくす」には、労働者派遣法を廃止することしかなく、そうでなければ、欺瞞である。

## 「働き方改革の目玉」

「同一価値・同一賃金」と「働き方改革」でキャッチコピーしているが、正社員を排除し、非正規社員に置き換える制度になるだろう。「同一価値・同一賃金」は、深く考えてみると究極的に同じ賃金を払えば同じ能力の人をいつでも、どこからでも人を集めて働いてもらえることを意味する。政府はまた国民を騙すのか。いかにも非正規労働者にとって福音のように聞こえるが、労働者を取り換え可能な部品と同じように考えていることは明白である。正社員の賃金を非正規社員にまで引き下げよという、政府の諮問会議先述の民間委員になっている大学教授の発言からも魂胆はうかがえる。

雇用の不安（＝いつ解雇されるかもしれないという不安）がない社会の構築への仕切直しが必要である。それは、不本意な有期雇用の「非正規労働者」の禁止を法律でうたい上げることである。企業にとっては、雇用に関して抜本的な人事諸政策を見直す契機になる。

アメリカ型でない、アメリカが対日要求してきた改革によって日本は引っ掻き回され悪くなった。構造改革＝労働政策の改悪の「負の側面」が明白になり、構造改革の正当性に疑問が出てきたのは事実である。社会全体を悪くしたのである。

日本がとるべき労働政策は種々あるが、まず「労働者が安心して働ける政策の再構築」である。その一歩として企業は人材へ投資すべきである。

## 「内部留保に課税しては」

企業の社会的責任を重視した経営、株主と同時に、とりわけ従業員や顧客、地域社会など多様なステークホルダーにとっての価値の創造に配慮した経営が必要である。配当競争を競うのではなく、従業員を身分化することなく平等に人材投資に力を傾注すべきである。

経営者は非正規雇用を続けていることを恥じ入るべきである。内部留保をため続ける。毎年数兆円の規模で積みあがってきたものである。もちろん全てが「余剰資金」ではないし、流動性のある資産（現金その他）でもない。これはM＆Aのためにため込んでいると言う。本来「内部留保とは業績悪化により会社が危機的な状況に追い込まれた時従業員を守るためだ」という企業経営者から聞いたためしがない。内部留保額が桁外れ巨額でも当然でおかしいと言わない。内部留保に税金を掛ければいい。経済団体はこの課税はおかしいと言う。二重課税であると。ガソリン税は明らかに二重課税で国民は受け入れさせられている。だが税法等はそもそも人間の作ったものである。課税しても何らおかしくない。緊急避難的に「内部留保税」を導入すべきである。かつて大蔵省は戦後復興財源を創設した歴史もあり、近年では次に述べるような税金を創設し現在に至っている。

## 「東日本大震災の復興特別所得税（個人）・復興特別法人税」

その証拠に東日本大震災の復興資金として、既に、平成二十三年十二月二日に東日本大震災からの復興のための施策を実施するために必要な財源確保として、国民個人が負担する「復興特別所得税」及び企業が負担する「復興特別法人税」が創設された。期間は「復興特別所得税」は平成二十五年から令和十九年の長期間である。「復興特別法人税」は平成二十四年から二十七年であるが、一年前倒しで平成二十六年度に終了した。個人だけが

「復興特別所得税」を負担している。なぜ企業の「復興特別法人税」だけが早々と終了したのか。だれが終了させたのか。震災地と全く関係ない県などでこの税金が使われていたことがあった。政府は企業が負担する「復興特別法人税」の法律を簡単に廃止する。「労働者派遣法」も廃止ができるということの証である。ちなみに、税率は、個人の「復興特別所得税」の税率は基準所得額の二・一%である。法人の「復興特別法人税」の税率は一〇%である。

## 「派遣労働者に現金給付（コロナ禍二〇二〇年特別定額給付金と同額の十万円）」

時限的に一〇年間「内部留保」に課金し徴収し、非正規労働者に所得再配分すればよい。後述するが、二〇一九年度金融業・保険業を含めた「内部留保」は四七五兆円もある。同年の国家予算の四、七倍もある。一%の課税で四・六兆円ある。個人に課税される「復興特別所得税」並みの二・一%にすれば、九・八兆円にもなる。これを原資にして非正規労働者に直接月額一〇万円手渡す。年額一二〇万円となる。受給される人数は厚生労働省が的確に把握している。「労働者派遣事業会社報告」の平成二十七年六月時点で特定労働者派遣者の数は、二八万四一四二人、一般労働者派遣社の数は、一〇五万五八〇八人、合計一三三万九九二九人である。金額にして一兆六〇〇〇億円である。ただし、派遣会社の厚生労働省への報告は正確ではないであろう。報告しない会社もある。これらを考慮して、十割増しの派遣労働者がいるとして約二六〇万人。金額で、三・二兆円である。おつりがくる。労働者派遣法が撤廃されるまで支給し、需要を喚起すべく日本経済を立て直しの「てこ」にすべきである。非正規労働が廃止されれば、子育て所帯へ振り替えればよい。多分に選挙目当てと思えんばかり、老人ばかりに消費税率アップによる税負担の軽減と「福祉金」をばらまく政策より格段に良い政策だろう。所得の再配分である。これだけの英断をできる首相が現れてほしい。「復興特別所得税」は国民があまり知らない間に課税されている。「内部留保」に課税し、非正規労働者にこれを原資に配分すると言っても国民は反対しないだろう。

むしろ大賛成するのではないだろうか。

内部留保に課税し、非正規労働者に特別定額給付金支給は、この書物の大前提である「労働者派遣法」の廃止と相容れない。が、非正規雇用をなくすという壮大な社会改革のための一里塚を提案したものである。

## 「日本の大企業の内部留保額」

日本の大企業が「働き方の多様化」と本質を隠し非正規雇用の拡大・拡張に驀進し、製造現場まで正社員と置き換えて労働コスト削減に邁進した。グローバル化に立ち向かうためにと錦の御旗を掲げ、政府のお墨見付を受け、内部留保のため込みを加速させた。内部留保は毎期の決算書の剰余金、各種引当金よりなるが、剰余金が主たるものである。

日本の代表的な企業の公表されている内部留保額を、ここでは公告されている剰余金を記述してみる。（単位：百万円　株式会社は省略）

| | 二〇一六年三月末 | 二〇二〇年三月末 |
|---|---|---|
| トヨタ自動車 | 一六、七九四、二四〇 | 二二、七一三、九三〇 |

| | | |
|---|---|---|
| 新日本製鐵 | 一、八三七、九一九 | 一、八四九、〇八三 |
| 三菱商事 | 三、二二五、九〇一 | 四、三三四、〇〇一 |
| 三菱ＵＦＪ銀行 | 八、五八七、五七八 | 一〇、七六二、二六二 |
| 東日本旅客鉄道 | 二、一〇一、八四四 | 二、六二二、九七三 |

国策とまで言われる自動車産業界への優遇措置は税金、研究開発費をはじめ目を見張るものである。世界でも有数の企業は、一企業だけで約二十三兆円弱もため込んでいる。異常というほかないだろう。有期社員を大量の期間工（非正規社員）として内部留保を貪欲にため込んでいる。異常である。それを吐き出させる。国際競争力に立ち向かえないと宣言するだろうが、派遣労働者からかすめ盗った「あぶく銭」である。国民に返して当然である。

銀行も窓口業務は非正規社員、しかも同じ企業内の人材派遣会社（企業内派遣会社）からの派遣である。これまでは銀行では花形であった窓口嬢さんを労働者派遣法が存在するために正社員と「置き換え」ている。そこまでしないと国際競争に勝てないというが、不良債権を抱え込んだ銀行が政府から救済され市場から退場せず、ますます内部留保をためることに精を出し続けている。これも異常である。

「派遣会社の経営状況と内部留保額」

派遣会社の経営内容も表記してみる。

派遣会社の中のある大手は、二〇二〇年三月期、売上高三、二四九億円、純利益〇・六億円、内部留保一四七億円である。労働者派遣事業以外にも先述したように企業に進駐し第二人事部と揶揄される人材ビジネスを展開しているにしても、派遣労働者からピンハネしたものが含まれていることは確かである。

「財務省の法人企業統計調査結果」

内部留保は毎年、財務省がその年の九月一日に前年度の「法人企業統計調査結果」として発表される。新聞各社の発表は（金融業・保険業を除く）その資料の第五表である。全産業の内部留保額は第一四表にある。なぜか新聞報道されるのは、金融業・保険業を除いた統計数字、第五表が紙面に掲載される。

金融業・保険業を含めた内部留保額は二〇二一年度、五一六兆四七五〇億円である。これは二〇二一年度度の国家予算約一〇〇兆円の五・二倍である。これが異常であるとは言われて久しい。企業がため込んだ内部留保を政府・与党は「(法人減税などで)政府は税金を安くしても企業に内部だけにためられては話にならない」麻生太郎財務大臣と、経営者への批判が上がる。設備投資、賃上げの動きは鈍いことから語られた。与党がまとめた二〇一六年税制大綱は「企業の意識や行動を変革していくための方策も検討を行う」と明記し、内部留保への課税までにおわせていた。これに対し、経済界は反発する。「内部留保そのものを悪とする考えは全くおかしい」と日本商工会議所の会頭は会見で話した。

「悪」と表現するくらいだから後ろめたさがあるのだろう。

ウクライナ戦争で儲けたヨーロッパの石油会社に超過利益として課税した。

労働者から搾り取った内部留保に課税するのも新資本主義の一つではないか。

## 「日本型雇用システムの良質への改善」

日本が目指すべく雇用政策は、半世紀にわたり「雇用調整」を繰り返しながら雇用の安定を死守してきた日本型雇用システムにあることはまちがいない。非正規雇用を排除した雇用システムを構築するべきである。欧米のシステムを将来組み入れることはあるだろう。制度改革の結果の良し悪しが現れるのには時間がかかる。

第二次世界大戦後、欧米先進諸国は、高度成長を遂げ、社会福祉システムを構築してきた。日本も国民皆保険、年金制度の改革など福祉政策を展開してきた。高齢化に伴う福祉予算の爆発的な増大に対し、労働者の処遇の切り下げしか対応できなくなってきている。先の内部留保に課税をして、税の拡大を図り財政を豊かにしていくことが必須である。その「内部留保税」を非正規労働者に現金給付をして、生活の不安から解放して、需要=消費を伸ばすべきである。

## 「あるべき労働政策は何か」

欧米諸国を見ると、二度にわたる石油危機を経て、経済成長率の低下により、労働需要の減速による失業率の上昇、社会保障制度の存続が危ぶまれるほどの国家財政の悪化が見られる。国民生活基盤の弱体化により欧米は、福祉国家の体制として①自由主義体制。アメリカ、イギリスを中心にした「小さな政府」「市場原理主義」を標榜し、規制緩和、政府機関の民営化が進められ、雇用の流動化、就業形態の多様化が進められた。②社会民主主義体制。スウェーデン、デンマーク、ノルウェー、フィンランドの北欧諸国がとった政策である。「大きな政府」が志向されてきた。スウェーデンでは、公的部門により、医療・福祉サービスを施し、高い税負担による政府の所得再分配機能が重視された。特に、雇用政策では、衰退産業の労働者に積極的に職業訓練を施し、成長産業への労働力移転を促した。③保守主義体制。ドイツ、フランスが中心である。「社会的弱者に対する公的保護」という伝統的な福祉思想が温存され、男女分業を当たり前のごとく受け入れてきた。

一九六〇年代から高度成長で、賃金が右肩上がりに増えた時の「長期雇用型＝無期契約雇用」「年功序列型賃金体系」を維持しつつ、少子化、高齢化の時代に適合した雇用体系を日本は構築、維持すべきである。次章で「日本型雇用システムの本質・内容」を説明する。それを維持しながら、「労働者が中心」の社会にする必要がある。先のスウェーデンで見た政策が日本でも求められている。「経団連」を外した「労働者の代表」と「政・官」だけの新たな政策立案の機会を設けてはどうか。企業経営者は、労働力を「商品」、「コスト」としか見ない集団だからである。これまでの労働規制緩和に突進してきた経緯から、排除しても国民の納得は得られるだろう。

## 「労働分配率の長期下落」

生産活動によって得られた付加価値のうち労働者がどれだけ受け取ったかを示す指標である「労働分配率」は、小泉内閣が発足した二〇〇一年の七〇・二%をピークに下がり始め、二〇一八年度は四八・七%まで落ち込んでいる。労働分配率は、給与総額を付値価値総額で割り一〇〇かけたもので算出される。ちなみに付加価値の構成は。人件費、支払い利息、動産・不動産賃借料、租税公課、営業利益である。

同時期、ワーキングプアーや所得格差の拡大が急速に社会問題化してきた。最低賃金は生活保護水準以下、生活保護所帯は近年二二〇万所帯を突破した。今日、低賃金の非正規雇用者は三割を超え日本の雇用者の四人に一人は年収二〇〇万円未満の生活を強いられている。

小泉内閣の経済諮問会議で一一年にわたり座長のなせる仕業がもたらした帰結である。令和三年一月すでに述べたようにお正月にこれが間違いであったと懺悔した。現状を見れば歴然とその悪行がわかる。制度改革の中で、労働分野の規制緩和は大失敗の社会実験であった。

先述したように、政府規制会議の元座長はこれにやっと気づいた。遅きに失した感じがする。経済活性化には、労働者派遣法の廃止が必然なのである。

「派遣労働を財界の意を受けて拡大し、派遣社員を【コスト】として考えたこと」を座長は認めた。ただ懺悔しただけで、派遣労働の廃止までは言及しなかった。

座長の懺悔を生かす「その処方箋」

「労働者派遣法」を廃止する。

「内部留保」に二〇年間二・一％（復興特別所得税率と同じ）の課税をし、非正規労働者に再配分する。

日本型雇用システムを死守しそこに活路を見出す（第九章に述べる）。

# 第九章　日本型雇用システムの内容・特長

日本型雇用システムの内容・特長は、①長期雇用制度（終身雇用制度）②年功賃金制度（年功序列制度）③企業別組合の三つである。いずれも欧米の雇用システムとかけ離れている、日本特有のシステムの特徴である。本質的な日本の雇用契約は、欧米のように「職務」を限って雇用契約を締結することはない。日本の雇用契約は、民法第六二三条に、「当事者の一方が相手方に対して労働に従事することを約し、相手方がこれに対してその報酬を与えることを約束することによって、その効力を生ずる」と規定している。民法の売買契約、賃貸借契約のように特定のものに限定されない。学者の中には、「雇用契約」を、「賃貸契約」と同一視する者もいる。雇用契約は、「人の作為」が目的だから大まかな約束ごとでしかない。これが、日本の雇用契約の本質でこれから色々な問題が惹起されてくる。先ほど述べたように、欧米の雇用契約は、職務ごとである。ホテルの受付、道路の清掃、スーパーマーケットでレジスター打ちとか、その明確な範囲で労働者は義務を負う。

使用者はその範囲で労働の対価を労働者に支払うという雇用契約である。

「長期雇用制度」

長期雇用は終身の雇用制度である。劇的な経済環境の変化がない限り、雇用調整の対象者とならなければ、学校を卒業し企業・官庁などに採用されたら、その企業・官庁の定年まで雇用されるという意味である。よほどの不始末を起こさなければ解雇されることもなく、従業員も転職しないという暗黙の了解で成り立っている。欧米は職務ごとの採用で、必要な時に必要な人を採用する。日本では、在学中の学生が、就職活動を、就職活動解禁日より活動する。企業は、一定の数の学生を採用し、卒年時の四月一日に一斉に入社させるという日本の歳時記の一コマである。リーマンショックで企業が採用人数を極端に制限した結果、「就職氷河期」と言われる言葉も生まれた。そのとき就職できなかった方々が非正規労働者として低所得の生活を強いられている。「恒産」はなく、結婚もままならぬ人たちが耐えて生活している。先の政府与党の元厚生大臣の認識は間違ってはいない。この長期雇用制度の欠陥として、四月に入社できなかった人の居場所がなくなり、不本意な非正規雇用にとどまっていることである。

「年功賃金制度」

日本独自の毎年四月に大学院、大学、高校を含む学卒を一括採用して、職務も不明なまま就職した学卒を長期に賃金管理する制度である。企業内で学歴や年齢や勤続年数に応じて賃金が上昇する仕組みである。

年齢、学歴、勤続年数に応じて職位（係長、課長等）も昇進していく。年功的要素が処遇を決定していく。毎年、人事査定とリンクした定期昇給制度がもう一つの年功賃金制度の要素である。高い評価を受けた労働者は昇給金額も多く、低い評価を受けた労働者は昇給額も少ない制度である。高い評価と言っても、定期昇給は企業の総労務費額の中での塩梅である。査定されるのは、担当職務でどれだけの成果を上げたかという客観的な要素だけでなく、職務に対する意欲、努力といった主観的な要素も重要な査定項目になり、上司、部下の入り組んだ感情が排除しきれないことがある。

## 「企業別労働組合」

労働組合が企業別に組織されている。雇用されている企業に強制的に加入を強いられ、組合費を給料から差し引かれる。管理職になれば、組合から円満離脱できる。欧米では労働組合が、産業別、職種別に構成組織されている。アメリカの全米自動車労働組合を考えると理解ができる。日本も、個別企業内組合ではあるが、同じ業種では、春闘の際、賃上げ情報を共有しながら共同歩調をとり交渉を有利にすることもある。企業内組合であることから、企業は組合幹部の懐柔策として、役員への「みち」を設けているところもある。いわゆる労働貴族である。企業内組合の「地に落ちた姿」がそこにあるのも事実である。組合は組合員の味方ではないのが日本の企業組合の一面のある姿である。企業内組合は「社会性」が問われている。

## 「日本型雇用システムの履歴」

この日本型雇用システムは、時代の流れにより評価はまちまちである。その流れを学習し、あるべき雇用政策を探り出したい。

一九六〇年代から始まった爆発的な経済発展の象徴として、日本全国に石油コンビナートが建設された。従業員の給料も上がった高度成長期までは、日本的雇用制度は前近代的なものと言われ、近代化すべきだという議論が盛んであった。年功賃金がやり玉に挙げられて、能力、成果に応じて賃金が支払われることこそ近代的な賃金制度と言われた。しかし、好景気で、雇用制度に手を付ける暇がなかったのが実情であろう。賃上げが十数%の時代、日本型雇用システムはうまく機能していた証である。

一九七〇年代の二回にわたるオイルショックを先進国の中でいち早く克服することに成功したことから、日本型雇用システムはむしろ称賛されることになった。それ以降約二〇年間バブルと言われるまで日本経済の黄金期であった。それを支えてきたのは、日本型雇用システムであり、日本は貿易摩擦を生じさせるほど強さの源泉であると称賛されるようになった。アメリカのデトロイトで、日本車がハンマーでたたき壊される事態まで実力をつけた。

一九九〇年代はバブルがはじけそれより約二〇年間、日本経済は停滞し「失われた二〇年」と言われた。打って変わって、日本の雇用システムが経済発展の妨げになっていると評価が一変した。その主な理由は、終身雇用制度のため、成長産業への労働力のシフトが阻害されるとか、いわゆる雇用の流動性がない、年功賃金のため高齢者の労働コストが高くなり、グローバル化に競争が立ち行かなくなったとされた。現在は、既述したように日本の経済団体主導の労働政策が労働者の窮乏化を加速させた。政府は、国民の貧困が、生活保護所帯の増大、非正規雇用者の所得の低さから明らかなように、政府の労働政策が民間主導では放置できない状況だと認識し始めた。

世帯主だけの所得では生活ができない若い主婦が、「働くにも幼子を預ける保育園が不足し、入れないことから就職を諦めた」という一主婦のSNSのメール発信から、なお一層この問題が緊急課題で放置できない状況化に置かれた。参議院選挙直前のことゆえ保育園の整備、保育士の給与引き上げと矢継ぎ早に、保育の質を問わず、量を増やすに予算を付け始めた。これは、裏を返せば、国民が生活できないくらいになり、子育ての若い主婦まで生活の糧を稼がなければならない事態が表面化した社会現象である。ここ三〇年間ひたすら企業の国際競争力が低下するとばかり、グローバル化のため、企業にとって活動しやすい方策を民間主導で進めて来た、無残な働き手、特に若い「就職氷河期」で正社員として就職できず有期雇用で有期雇用の更新を重ね転々として、「恒産」もできず、結婚もままならぬ国民を輩出してきた。このことが、既述したように日本経済がデフレから脱却できない大きな要素である。

## 「日本型雇用システムを堅持すべきである」

先述したように、日本型雇用システムは、長期の雇用、年功賃金、企業内組合の要素から成り立っている。七〇年代の石油ショック後の不況、八〇年代の円高不況においても、企業は、「雇用調整」を積極的に取り入れて企業を守ってきた。新規学卒採用の停止、ないし削減、高齢者の退職勧奨、配置転換、出向、一時帰休等をしてきた。昨今のほぼゼロパーセントの成長でも基本的に、雇用の継続や安定という日本型雇用システムは堅固に堅持されているとみるのが妥当だろう。米国も正規雇用（常用雇用）システムが基本である。米国でも非正規雇用は三割という厳然とした事実がある。確かにニューヨーク金融街のプロ、シリコンバレーのベンチャー企業の成功者の巨万の富豪者に目が行きがちだが、日本と同じ雇用システムであることを記憶しておいていただきたい。

日本型雇用システムは雇用の多様化、流動化により、また情報処理のスピード化等により、労働の質の変容に直面している。その結果として正規労働者が非正規雇用に置き換えられていることは明白な事実である。非正規雇用は日本においても四割弱まで進んできた。このまま日本は進んでいくのか。社会保障制度の強制力ある法的整備が急務である。パート・アルバイトの安い賃金については最低賃金法の議論になると思われる。

## 「国際関係の激変」

グローバル化によりアジア諸国の労働コストの低廉なことから価格競争力は強まった。また情報技術力、オイル・シェールで米国は優位な立場に立った。経済環境は一変した。

為替レートの円レートの急騰により、安価な労働力を求めて工場をアジア諸国に移転した。国内に留まり、円安の恩恵を受けて最高益を謳歌している企業も見受けられた。アジア諸国の価格競争力に対し劣位となった業種は淘汰された。がグローバル化によってアジア諸国の工業化が高まった。結果としてアジア諸国の経済力、GDPが急伸した。日本の企業は、アジアの工業化に対応し非価格競争の製品、素材を提供し、優位に立っている。為替変動に振り回されたここ数年であるが、日本型雇用システムは健在している。ただ、非正規雇用「安い労働力」のおかげであることは否めない。胸を張って今現在日本型雇用システムが一〇〇%いいと言えないが、労働者派遣法を廃止し、正社員だけの雇用にしていけば一段と誇れるシステムである。正社員化への政府の優遇策があるが、労働者派遣法がなくならない限り健全な社会が実現しない。

世界的な低成長の中で、成熟した日本経済だけが高成長になることはない。日本型雇用システムは、日本が戦後七〇余年築きあげてきたものである。

学卒の一括採用、長期雇用に基づいた社内教育制度、ホワイトカラー、ブルーカラーを区別しない昇進制度、企業内組合の穏便な活動等がそれを支えてきたことを思い起こすべきである。本来、日本型雇用システムには「非正規雇用」はなかった。米国がもたらした派遣制度を廃止してこそ、日本型雇用システムが世界に誇りうる労働政策として復活する。

## 「一億国民総活躍の政府の本音」

第二次大戦時、戦費調達のために国民を極度に管理した「国家総動員法」を思い起こさせる「一億国民総活躍」という言葉をこの時期突然政府は言い出した。これは、非正規社員の増大に伴い、家庭の大黒柱である主人の稼ぎだけでは生活できない若い主婦がパート、アルバイトで働かざるを得ないまで窮乏に追い込まれている現実から目をそらそうとする陰謀であろう。保育園、幼稚園が足りない。保育園、幼稚園の設置基準を下げてまで、また、人的には保育士の給与を引き上げて、保育士の確保とさらなる増員をし、安い労働力の女性を利用するために、財界の意を受けて、保育園、幼稚園の開設、増員に政府は補助金をちらつかせて自治体の尻を叩いている。保育園・幼稚園の絶対不足が急に社会問題化したのは、非正規雇用が拡大し、生活苦がそれを浮き彫りにした結果である。

### 「女性のパート・アルバイトの賃金格差の是正」

女性のパート・アルバイトの給与は男性正社員の五〇％以下、女性正社員の給与の七〇％である。ちなみに、ＯＥＣＤの統計では、先進国では、正規社員に比べ、賃金の差は二割程度低いというのが実態である。スペインは例外として、先進国で日本だけが男性正社員の二倍の格差になっている。雇用保険、社会保険の未加入を企業に対して法的に強制せず認め、賞与、有給休暇もない等安い労働力を基幹労働者に置き換えようともくろんでいるのが、この「一億総活躍」の本音である。女性パート・アルバイトの労働力を拡充するのが透けて見える。「働け」「働け」と尻をたたいている。定年退職した初老の方が、「活躍などしたくない」とメディアで発信している。少子化、労働力不足のため女性を安い賃金で誘い出すキャッチコピーであり、老齢の男性等をターゲットにしているわけではない。これは「扶養者所得控除」の見直しが明確に「証明」している。

## 「扶養者所得控除の廃止の検討」

政府は「扶養者所得控除」の廃止に動き出した。これは、これまで「扶養者所得控除」を受けるため、労働時間を自ら制限していた「調整労働＝年間の収入が一〇三万円を超えないように働く時間を自ら調節すること」の女性を安い労働力をこの枠を取り払い一層引き出そうとするものである。「調整労働」をする必要のない女性まで一緒に「扶養者所得控除」を廃止し、増税するものである。政府は、「扶養控除」廃止に伴う増税拒否を訴える主婦専用者を悪玉として公正・公平感を装い廃止に持ち込み、正社員に置き換えてフルタイムの女性非正規労働者を「基幹労働者」として安く使いたいのが本音ある。決して「女性の活用」ではないのである。製造現場で働く女性は年々増加し「製造基幹要員」として働かざるを得ない状況下にある。パート労働者でなくフルタイムパート労働者として労働市場に送りこむ目的が「一億国民総活躍」の魂胆である。本音である。

女性労働力をパートの「基幹労働者」として位置づけるのであるならば、男女の賃金格差をなくすこと、厚生年金、失業保険等の社会保障制度を雇用先は強制法規として法的に義務を負わせることを法律化すること。今回の「働き方改革」が労働行政を従来の延長線上ではなく、舵を一八〇度切り替えて労働者を大事にするかどうか見極めるチャンスである。政権の本気度が問われている。「働き方改革」と喧伝しているのだから、無策なら、労働者はさらなる貧困、窮乏化に追いやられる。窮乏化政策は政権の狙いかもしれないが。

# おわりに

わたくしは、大学卒業と同時に、同期の者の大半が金融・保険業・商社に就職する中、「物つくりの企業」に就職した。新人教育として地方の工場へ大卒以上の者が集められた。工場実習は二カ月間ぐらいだったろうか、三交代勤務もさせられた。深夜労働の眠さには苦労した。熟練した老齢の社員の中に入って未熟な新入社員には仕事を支援する制度もなく、務めることにつらいものがあった。

その工場には、昔の面影が見受けられた。大部屋の女子寮、大学卒専用の男子寮と、差別の残る工場だった。女子寮などは、ひょっとしたら「女工哀史」の原型かもしれなかった。工場で着る作業着は、企業城下町では、作業服を着て街を歩くと、その町では選ばれた人のようだった。飲み屋はでは、新人でも「つけ」が利いた。工場の製造ラインには、「請負会社」が、梱包、配送する工程が存在した。協力会社と呼ばれていて、地元の有力者が、会社に取り入り、今でいう「製造派遣」をしていたのだろう。派遣会社の走りだったのである。約五〇年前の、高度成長期の入り口で問題にならなかったのだろう。本社に勤務しても、派遣社員などいなかった。が退社するころには、専門職の派遣の方々を見かけた。

## 「人間の尊厳を保つ労働行政を願う」

これから、労働行政の是正がなされ、国民が納得のいく働き方を確立することが急務の課題である。おそらくすべての人が「有期雇用」は支持しない。

労働行政に関し詳しい法学、労働経済学者なら、執筆には統計学を駆使して表現するだろうが、小生はネットで閲覧、印刷できる財務省、厚生労働省、総務省の公表された最新資料を確認しながら書いた。基本的にわたくしと学者とは立場が違う。学者たちは、「労働者派遣法」を「与件」としてとらえ、その「違法性を繕うこと」に応援し汲々としている。法学者が「労働者派遣法」に加担し、むつかしく法理論を展開している。

派遣会社の「内情」を知るために派遣会社に勤務したことがある。顧問的な立場であるが、出身企業に出向き派遣先になってもらうお願いを、ないしは派遣者を増やす深掘りの業務である。二年間の有期雇用であった。勤務する周りには若い社員が多かった。「派遣業」ということに何のこだわりもなく働いていた。「労働者を搾取しているということを」自覚している者はいなかった。

働く人を「商品」としてしか見ないひどい世の中で、この書物が「警鐘」の役目が果たせればと思う。

私は、戦場に行くことはなかった年齢だが、自宅から三百メートルほど先の気象庁官舎の家々が焼夷弾の爆裂で一瞬火の海になった光景、かび臭いじめじめした防空壕にせかされて走りこんだかすかな記憶、近くの高等学校の隅にある高射砲陣地、サーチライトが夜空を交錯する青い光を見て育った。老作家の「嘆き言」かもしれないが、労働者をこれ以上「食い物」にするのをやめてほしいと切なる気持ちで書き上げた。「ブラック企業ではない一流企業である」と自負する経営者の「倫理観」に訴える。

二〇一六年十月七日の朝日新聞の特集で危機下の「財界総理」のインタビューの記事がある。

「社会に夢や志を指し示せなくなれば、経団連の存在意義はないのではありませんか」との質問に対し、

「経団連は、日本社会の改革の旗手であるべきだとの自覚を持っています。何もしなければ、後世の歴史家から指弾されます。国の将来を見越した国家政策をきっちり提言し、実現するために行動して日本に活力を取り戻し、次の世代へと引き継ぐ。これができれば、存在価値は社会から認めていただけると思います」

と述べている。

後世の歴史家は、人の「労働力」を「コスト」としてしか見ないで、経団連が強引に推し進めてきた「労働者派遣法」を経団連の都合のよいように拡張、偽装化、正当化してきたことを「断罪」するだろう。

「経団連」はまだ、社会に「認知されていない」と自ら白状している。

今からでも遅くない「経団連」が献金にいそしむより「非正規社員撲滅」運動を起こしてはどうだろう。「社会的認知」を得るためにも。

ごく直近の令和五年九月、地方のタブロイド版に、神奈川県内三三市町村の自治体の「非正規公務員」を調べた記事があった。常勤公務員は八万二千人（四月一日現在）、非正規公務員（会計年度任用職員）は三万五千人で、非正規公務員は二十八・九%を占めていた。会計年度任用職員とは二〇二〇年公務員法改正で導入された非常勤の地方公務員のこと。一回の任期は通常四月から翌年三月の最長一年である。

県内の大きな市では非正規公務員の割合は二〇%以下であるが、小規模自治体では五〇%である。

男女比率を見ると、常勤公務員が男性五八・七%、女性は四一・三%である。非正規公務員の女性の割合は七九・九%である。

給与（月給）についてみると、常勤公務員（一般職）は平均三〇万七千円（手当含まず）、

会計年度任用職員は、二一万九千円で常勤公務員を三割近く下回っている。（株式会社タウンニュース社より）

タブロイド版の記事といい、既述した令和三年正月の規制改革の座長の懺悔発言、「非正規雇用を拡大させてしまった」記事がある。

最近では、民間人でありながら政府の要職に就き非正規雇用を拡大させ、人材派遣会社の長におさまり、その退陣に際し、記者から「非正規雇用を拡大させたのはあなたではないか」と辛らつな質問を受けていた。

これらのことから、「非正規雇用は」社会の底でおりの様に沈殿している。

国民の意識として根強く残っている。労働者派遣法の廃止が待たれている。

# 「天声人語から」

二〇一六年九月十一日朝日新聞朝刊の「天声人語」を紹介しておきます。

「『驚くべきは現時の文明国における多数人の貧乏である』。経済学者の河上肇は、そんな書き出しから「貧乏物語」を始めている。大阪朝日新聞での連載開始から明日でちょうど百年になる▲主に英国の統計をもとに、世界の大問題であることを、大正時代の読者に示した。もしかしたらこれは、「いま」の話ではないか。読んでいてそんな気がしてくるところはすくなくない▲河上は述べる。毎日規則正しく働いているのに、ただ賃金がすくないために生活に必要なものが手に入らない。きわめてわずかな人々に、巨万の富が集中されつつある。働いても生活が苦しい「ワーキングプアー」の生まれる現代社会とダブって見える。「上位のわずかな層に所得や資産が偏っている」との指摘も、近年強まっている▲「国家有用の人材」となりうる若者が、貧乏な家庭に生まれたがゆえに十分に教育を受けられないことを、河上は嘆いた。学問は決して「過分なぜいたく」ではないのだと。現代の教育格差に重なるはなしである。▲「一億総中流」といわれた時代は、すでに遠くなった。「子供の貧困」がいわれ、親から子へ「貧困の世襲化」も指摘される。世の中が一〇〇年前に似てきたとすれば、あまりに悲しい▲二十一世紀のいま、貧乏がリアルな問題になっていることを改めて考えたい。河上は資産家や実業家に人を思いやる倫理を求めた。貧困対策、再分配。政治に求められる取り組みは、待ったなしである。」

また、二〇一六年十月号『世界』での「無魂会社」なる浜口矩子同志社大学大学院の経済学部教授の寄稿文を紹介しておきます。日本のある企業の「経済合理性」の誤謬をなじった寄稿文の冒頭に書かれていた。企業というものの本質を言い当てた文章だと思います。

「『会社というものには、処罰の対象となる肉体もなければ、地獄行の宣告対象となる誰もいない。したがって、彼らはなんでも好きなようにする』。一八世紀英国の大物政治家エドワード・サーローの言葉である。」

# 参考資料

朝日新聞　天声人語
厚生労働省　労働者派遣事業報告
国税庁　民間給与実態統計調査結果
財務省　法人企業統計調査結果
清家　篤　雇用再生　持続可能な働き方を考える
東京新聞　公務員の派遣労働の実態
中野麻美　労働ダンピング　雇用の多様化の果て
NPO法人派遣労働ネットワーク　派遣スタッフアンケート二〇一三集計結果・概要版
濱口桂一郎　新しい労働社会　雇用システムの再構築へ
浜口矩子　平成二十八年十月号『世界』
宮本光晴　日本の雇用をどう守るか
森岡孝二　雇用身分社会
株式会社　タウンニュース

# 「非正規雇用」を蔓延させ、格差を爆発させた「労働者派遣法の廃止」が急務である。

## 人間の尊厳のために、国、地方自治体、企業経営者の倫理が問われている。

2023年10月29日　初版第1刷発行

著　者　ますやまひでを

発行所　株式会社牧歌舎
〒664-0858　兵庫県伊丹市西台1-6-13 伊丹コアビル3F
TEL.072-785-7240　FAX.072-785-7340
http://bokkasha.com　代表者：竹林哲己

発売元　株式会社星雲社（共同出版社・流通責任出版社）
〒112-0005　東京都文京区水道1-3-30
TEL.03-3868-3275　FAX.03-3868-6588

印刷製本　冊子印刷社（有限会社アイシー製本印刷）


ISBN 978-4-434-33012-4　C0036